切勿死在罪中

有关福音的简明解释

DON'T DIE IN YOUR SINS

A Simple Explanation of the Best
News Known to Mankind

Greg Hershberg

切勿死在罪中

有关福音的简明解释

作者：格雷格·赫什伯格
譯者：吕平

Aneko Press

www.anekopress.com

Aneko Press, Life Sentence Publishing, and our logos are trademarks of

Life Sentence Publishing, Inc.

203 E. Birch Street

P.O. Box 652

Abbotsford, WI 54405

RELIGION / Christian Theology / Soteriology

Paperback ISBN: 979-8-88936-431-3

eBook ISBN: 979-8-88936-432-0

10   9   8   7   6   5   4   3   2   1

Available where books are sold

目錄

我对死的认识

我脑袋里的那一幕就像发生在昨天一样。那年我八岁。有一天,坐在浴缸里洗澡,无意中听到我母亲哭着告诉我父亲说,我的祖母去世了。当时我心里非常悲伤,不仅仅是听到母亲哭泣,而且我知道我再也见不到祖母了。尽管我对死和临终知之甚少,但我知道,祖母已经永远离开了我们。她是我祖父母辈中最后一个在世的,她的离世让我尤其伤心。她不仅是我最后一个在世的祖父母,而且是一位美丽、心地温柔善良的人。她总是让我感受到爱的存在。

直到那时,从未有人跟我谈起过死亡。我身边也没有人去世。因此,我真的不太了解一个人死后会发生什么。死亡,是我们大多数人不喜欢思考或谈论的话题;然而,不幸的是,我们都要经历死亡。事实上,我们大多数人在一生中都会失去许多朋友、家人和其他的亲人。这是一个我们不愿面对的悲哀现实。一个人即使死了，我们也常用一些可以减轻悲哀的漂亮话来陈述。我们会说"她去世了"、"他去了一个更美好的地方"或"他回家了"之类的话。然而事实是，这个人死了。

为什么有那么多人害怕死亡，原因很多。其中一个原因是对未知的恐惧。死亡仍然是一个终极未知；因为人类历史上，没有人能够活下来告诉我们，在我们吐出最后一口气之后到底发生了什么。有些人声称自己死了，然后去了天堂或地狱，但由于没有科学证据支持他们的故事，这些故事没有得到普遍的认可。作为人的天性，我们想要知道和理解发生在我们周围的事情。

人们害怕死亡的另一个原因是对虚无的惧怕。许多人害怕自己死后将成为虚无。我们通常会将这种惧怕与无神论者，或着其他没有精神生活或宗教信仰的人联系起来。然而，许多有信仰的人也同样担心。这些人对死后有生命的信仰，也许根本不是真实的；或者，他们活着的时候没有为自己赢得永生。是的，对于死亡和死后有生命之说，即使是有信仰的人也是内心纠结挣扎。

还有，就是对永恒的惩罚的恐惧。相似于对虚无的恐惧，这种信念不只是虔诚的宗教人士或真诚的信徒才有。许多人——无论他们是什么宗教信仰，或者，他们根本没有精神信仰——都害怕自己会因在世时所做的或该做不做的事情而受到永久惩罚。他们有一种与生俱来的感觉，即他们必须为自己的错误行为付出代价。

还有对失去控制的恐惧。通常，人的天性是想要控制自己所处的境况。但死亡是我们无法控制的事情。这让很多人感到恐惧。有些人企图以某种形式来掌控死亡，诸如极其谨慎地避免风险，或者做严格频繁的健康检查；但事实是，每个人都会死。

最后，我们为我们所爱的人死后将变成什么而害怕。还有一种对死亡非常常见的恐惧是，担心我们死后，那些托付给我们照顾的人将会如何。例如，做父母的会担心新生儿或其他孩子将会如何。为亲人提供护理的家庭成员，会担心无人能代替他们，来满足病人的诸多需要和要求。正值壮年的人，一想到自己的死将使配偶孤身一人，就会不寒而栗。

对於死亡的惧怕，只要是健康的，可以提醒我们要充分利用我们在地球上的时间，勿把我们在这里的各种关系视为是天经地义而轻浮地对待。对死亡的害怕可以促使我们更加努力地工作，留下恒久不息的宝贵遗产。萧伯纳总结得很好："希望我去世的时候，我能为社会耗尽自己的一切，这是因为我越努力工作，就会活得越久……"[1] 话虽如此，死在某种程度上仍然是一个令人费解的东西。考虑到我们都会死，无论代价如何，我们都迫切需要对它进行讨论。

---

[1] 原注：萧伯纳，《人和超人》第四场，*Man and Superman, Act IV* (London: Royal Court Theatre, 1905)。

死不可避免

和你的孩子谈论死亡是一件好事。当他们长大到一定的年龄，你要和他们谈关于性的时候，你也要和他们谈论死亡。对你来说，这两件事都非常重要。

我一直很擅长运动，是一名健身爱好者。几乎没有一项体育运动我不擅长。我热爱竞争，也喜欢运动本身给我带来的感受。我以前根本不知道，当你运动的时候，大脑会释放出内啡肽。内啡肽是一种化学物质（激素），是人的身体在感到疼痛或有压力时所释放的。同时，人在运动、进食和性生活等愉悦兴奋的活动中也释放内啡肽。内啡肽有助于缓解疼痛、减轻压力和增加幸福感。内啡肽实际上就是天然的止痛药。它们是所谓"使人感觉不错"的化学物质，因为它们可以让你感觉不错，让你的精神状态处于积极正面。直到今天，我都需要锻炼——与其说是为了身体上的好处，不如说是为了得到精神状态有感觉不错的回馈。

我的妻子在学校也是一名运动员。后来成了一名健美操教练兼私人教练。不瞒你说，我俩就是在纽约的一家健身中心认识的。当时，我正处于人生的一个阶段：只想保持单身。因各种原因，我刚刚结束了一段正儿八经的恋爱关系，因此我很需要调整一下。但是，当我一眼看到坐在杰克·拉兰健身中心接待处桌子后面这位令人惊艳的美女，我仿佛置身於爱之国中。

我们结婚组建家庭后，很自然地，我们的孩子也把健身作为他们生活模式的一部分。我让儿子们参与体育运动——包括举重。他们真的很喜欢，并成为健身房的常客。很快，他们就意识到自己的潜力；开始举重物，强身健体。结果，我最后一次和他们摔跤时，我的肩袖都被撕裂了——要知道，我可不是个体重很轻的人。尽管我的肩膀再也不会复原了，我还是为他们的努力感到自豪。与此同时，我觉得他们需要知道，有一天他们会气力殚尽，尸体会被埋葬。尽管这听起来伤感且令人沮丧，但这是一个需要讨论的题目。

我的女儿们也擅长运动。她们接受体育训练，成为竞技运动员。我不想听起来有性别歧视，不过她们也开始意识到自己的外表，所以她们就开始

化妆。她们需要知道，有一天这些容貌会消失，
她们的身体也会躺在坟墓里。你要帮助你的孩子
认识到：照顾他们的身体很重要，但看顾他们的
灵魂更为重要。我常听到很多父母谈起他们的孩
子有多聪明，是杰出的运动员，等等；但我没有
听到足够多的父母谈到他们孩子的个性有多好，
多么富有同情心，多么像基督。就如圣经所说，
操练身体益处还少，唯独敬虔，凡事都有益处，
因有今生和来生的应许（提前 4：8）。

我的观点是，每个人每年至少应该参加一次葬礼。
我们都喜欢参加婚礼：欢乐、喜庆、庆贺——从头
到尾都很开心。婚礼是关于生命的——看不到一丁
点的死亡和垂死。但从另一方面来说，参加葬礼提
醒我们生命不过是一片云雾（参 雅 4：14），有
一天，我们自己的生命也会消亡。在葬礼上，死
亡就直接给你一个耳光；你无法逃避。当我听到
有人去世的消息时，我会提醒自己，有一天，我
就是那个死去的人。

我很早就意识到生命的短暂。我的爷爷和外公
在我出生前就去世了，我从未见过他们。我的奶
奶和外婆也在我十岁之前就去世了。

我父亲去世时，我才十五岁。父亲的死对我打
击很大。我父亲一生坎坷。他很年幼就失去了父

亲。丧父后才几年，在他十岁的时候，一九二九年的大萧条来袭。他从未享受过所谓正常的童年。二十一岁时，他加入了陆军游骑兵营（译者：也称轻装步兵营），参加第二次世界大战。他因英勇服役而被授予铜星勋章。而且还获得了紫心勋章。据报道，他还在执行任务中失踪（MIA）；所以，你可以想象，他退役回家时所患的严重的创伤后应激障碍症（PTSD）。那时候没有心理咨询服务。退役军人回家后只是找个工作，养家糊口。

我父亲一直在码头做装卸工，从未换过工作。他的工作既费力又无味。对他来说，这一切都是为了养家糊口。他是一个强壮的人；我总是觉得，只要他在身边，就不会有什么坏事发生在我身上。换句话说，有他在身边，我就感到平安无事。正好他有机会提前退休，他立即抓住机会。他只想去看几场棒球比赛，听听爵士乐，可以从头到尾读完一张报纸。退休后，我记得他说："格雷格，我不必再卖命了。"他根本不知道，自己几周后就死了。我永远不会忘记那一幕——两个陌生男人走进我们的小公寓，然后把我爸爸安放在一个长长的黑色袋子里，抬着从我身边走过。

再说一遍，我当时对死亡并不了解——除了我父亲已经去世，我再也见不到他这个现实之外。

那天，深深钻进我脑子里的信息就是生命短暂，我应该活得精彩。而我也确实活得精彩。我的生活节奏很快。我从不指望明天，我真的只为今天而活。我不为明天打算。我父亲有一句话："把每一天都当成你生命的最后一天来过；因为，总有一天它会成为你生命中的最后一天。"尽管如此，我始终对死亡充满恐惧。我心里想着的就是生命只有一次，所以最好活得精彩！

人的死亡是多种多样的。有些人死于战争或毙于暴力。有些人死于疾病、心脏病、或者癌症。当然还有一些人是年老死亡。死亡的时间亦不相同。有些人英年早逝，而有些人则很长寿。这些东西都很重要，但都不是最重要的东西。我开始意识到，要思考的、最重要的东西，是死后究竟会发生什么。

对于大多数人来说，死，要么是一个巨大的谜团，要么就是一个极大的否定。人们要么完全回避这个话题，要么轻描淡写地说："没有人知道，所以你就好好活着吧。"那些不信神的人会认为，眼前的生命是我们唯一拥有的，也是唯一重要的；因此，就应当活得精彩。我们大多数人一生中有三分之一的时间是在睡觉，另外三分之一的时间是在工作。这意味着我们生命的三分之二是在睡觉和工作中度过的。所以，实际上只有三分之一的时间是属于自己的。如果我们把这三分之一的时间再拿来细分，我们就会有各种各样的责任、疾病和琐事来逐渐消耗它。根据《世界人口评论》[2]报道，二零二三年，全球每天有三十三万两千六百四十八人死亡。也就是说，每小时有一万三千八百六十人死亡，或者每分钟有二百三十一人死亡。

然而，假如以上所说的，并不是所有的一切呢？假如神确实存在，圣经确实是真实的呢？那就意味着，死后，确确实实有生命。

2　原注：2023世界人口评论，*https://worldpopulationreview.com.*

死后尚有生命？

当今，比起以往任何时候，人们更积极地为未来作计划。他们计划养老金、401K、IRA、社会保障、人寿保险，等等。但是，我们的未来是在哪里结束呢？百分之五十二的美国人相信有天堂和地狱，而仅有百分之三十七的美国人相信死后肉身复活。《约伯记》提出了一个关于死后生命的简单问题：人若死了，岂能再活呢？（伯14：14）问这个问题很容易，但要找到一个既有权威又有经验的人来回答这个问题，却不是那么容易。

耶稣，是唯一一个拥有真正权威和经验来谈论死后生命的神人。祂之所以有唯一谈论天堂的权威，是因为祂来自天堂。耶稣不是神差派的一位凡人教师而已。耶稣是唯一从太初到永恒与神同住，然而却降到人世的那一位。人世间没有任何凡人，能像耶稣那样不断地进到神面前。祂能够以一种非常独特的方式上升进入神的居所——因为，祂首先是从天堂降到了人间。

耶稣凭借祂在天堂的亲身经历，向我们展示了关于死后生命的三个基本事实：

1. 死后有生命。

2. 死后有两个终极之地。每个人都必须选择其中一个。

3. 有一种方法可以确保你作出正确的选择。

在《马可福音》第十二章，当耶稣面对撒都该人的刁难时，祂肯定了死后生命的存在。撒都该人是当时的自由思想家，就像今天的自由主义者一样。他们有钱有势，包括占有祭司长的地位。他们通过宽容（任何事情都可以接受）和相对主义（即真理就是你的主观意识）建立了一个怀疑和否定的体系。他们带着一个荒谬的故事来找耶稣，试图用这个故事来嘲笑整个肉体复活的思想。他们提醒耶稣，针对以色列的寡妇，神的律法有特殊规定。为了保全家族血脉，律法规定，如果一个人死后没有孩子，他的兄弟应该娶这个寡妇为妻。

弟兄同居，若死了一个，没有儿子，死人的妻不可出嫁外人，她丈夫的兄弟当尽弟兄的本分，娶她为妻，与她同房（申25：5）。

他们对耶稣说："假设一个女人嫁给了一个男人，结果他死了。这个男人有六个兄弟，这个女人嫁给了下一个兄弟，这个兄弟也死了。她嫁给她前夫的六个兄弟后，他们都死了。最后，她也死了。"现在，一个"聪明"的问题来了。他们问："在复活的时候，她会是谁的妻子呢？"他们自以为聪明，但救世主告诉他们，他们对教导复活的圣经和使死人复活的神的能力无知至极。

想像一下当时的场景。这里有社会达人、知识精英、权力交易家。他们是贵族，与罗马政府有政治关系，与耶路撒冷圣殿也有厉害关系。他们与平民关系不好。反之亦然。耶稣，一个来自贫穷的拿撒勒小镇的平民，居然大胆地告诉他们，说他们头脑不清。

首先，他们应该知道婚姻关系在天堂不再继续（参 太22：30）。然后，耶稣将重视摩西律法胜过旧约其余部分的撒都该人，带回到关于摩西在燃烧的荆棘丛中的记载（参 出3：6）——在那里，神称自己是亚伯拉罕、以撒和雅各的神。耶稣以此来表明神是活人的神，而不是死人的神。但这又怎么说？难道不是吗，当神向摩西显现时，亚伯拉罕、以撒和雅各不是早已死去了吗？

当然是这样——他们的尸体被埋葬在希伯伦的麦比拉洞里[3]（Cave of Machpelah）。既然如此，神怎么会是活人的神呢？问题的焦点，是神曾向族长们（亚伯拉罕、以撒和雅各）许下有关弥赛亚的承诺。这些承诺在族长的有生之年并未实现。当神在燃烧的荆棘丛旁对摩西说话时，族长的尸体还在坟墓里；但神却说自己是活人的神。既然神不撒谎，祂就必须履行对亚伯拉罕、以撒和雅各的承诺。这样，按我们对神本格的了解来看，复活是绝对必要的。

在《约翰福音》第十四章，耶稣安慰祂的门徒，告诉他们——当然也是我们——关于死后生命的事：你们心里不要忧愁，你们信神，也当信我。在我父的家里有许多住处，若是没有，我就早已告诉你们了，我去原是为你们预备地方去。我若去为你们预备了地方，就必再来接你们到我那里去，我在哪里，叫你们也在哪里（约 14：1-3）。耶稣告诉他们，祂要走了，他们将看不见祂了。祂说："你们信神，却看不见祂，同样的，你们也

3　麦比拉山洞（Cave of Machpelah），又名列祖之洞，位于希伯伦。是犹太人传说中埋葬列祖的墓地。

14

当信我。"在这里，"我父的家"指的是天国，那里有许多居住的地方。那里有地方让所有被救赎的人居住。若没有，主早就告诉他们了。祂不会让他们的盼望建立在虚假之上。

耶稣说，我去原是为你们预备地方去。主回到天国去预备地方。我们对主说的地方了解甚少。但我们知道，主所预备的地方是为了神的每一个孩子。最重要的是，那地方被描述为一个没有痛苦、没有悲伤、没有苦难、没有死亡的奇妙之处（参 启 21：4）。关于那地方，我们终于可以说"一切都好"，而且是发自内心的。我若去为你们预备了地方，就必再来接你们到我那里去，我在哪里，叫你们也在哪里。这是指主再来的时候。当那些活着的人将改变，而所有信耶稣的人都将升入天国时，那些死在信中的人也将复活。这是弥赛亚亲自真实的降临。正如祂离开一样，祂一定会再来。

我们在讨论生命、死亡和死后生命时，不能不提到财主和拉撒路的寓言（参 路 16：19-31）。这是用来讨论死后生命最典型的故事。在这个故事中，我们看到了圣经中最强烈的对比——假如不是最最强烈对比的话。我们有两个生命、两个死亡和两个死后生命的对比。让我们现在来看看：

耶稣说："有一个财主，穿着紫色袍和细麻布衣服，天天奢华宴乐。又有一个讨饭的名叫拉撒路，浑身生疮，被人放在财主门口，要得财主桌子上掉下来的零碎充饥，并且狗来舔他的疮。

"后来那讨饭的死了，被天使带去放在亚伯拉罕的怀里。财主也死了，并且埋葬了。财主也死了，被埋葬了，他在阴间受痛苦，举目远远地望见亚伯拉罕，又望见拉撒路在他怀里，就喊着说：'我祖亚伯拉罕哪，可怜我吧！打发拉撒路来，用指头尖蘸点水，凉凉我的舌头，因为我在这火焰里极其痛苦。'

"亚伯拉罕说：'儿啊，你该回想你生前享过福，拉撒路也受过苦；如今他在这里得安慰，你倒受痛苦。不但这样，并且在你我之间有深渊限定，以致人要从这边过到你们那边是不能的，要从那边过到我们这边也是不能的。'

"财主说：'我祖啊，既是这样，求你打发拉撒路到我父家去，因为我还有五个弟兄，他可以对他们作见证，免得他们也来到这痛苦的地方。'

"亚伯拉罕说：'他们有摩西和先知的话可以听从。'

"他说：'我祖亚伯拉罕哪，不是的，若有一个从死里复活的，到他们那里去的，他们必要悔

改。'

"亚伯拉罕说：'若不听从摩西和先知的话，就
是有一个从死里复活的，他们也是不听劝。'"
（路 16：19-31）

首先，我们看到的是财主。他穿着最精美的衣
服——用泰尔染料染成的紫色长袍和用埃及棉做
成的昂贵亚麻布衫。他的家是一座豪宅，有着郁
郁葱葱、修剪整齐的花园。富丽堂皇的豪宅里有
最精致的家具。还有无价的艺术品。意大利大理
石地板非常华丽，人走在上面如镜中人，他的客
人个个喜欢。他的餐桌上摆满了各种美食——凡
用钱能买到的最佳肉类、家禽和海鲜，精选的水
果和蔬菜，还有出自世界上最好葡萄园的最佳葡
萄酒。财主就这样生活着，天天如此。

然后是讨饭的拉撒路。像一袋垃圾一样，他被扔
在财主的豪宅门口。也许是周围邻居那些嫌弃他
的人把他抛在这里的。他可怜兮兮，饥肠辘辘，
瘦得只剩下一堆骨头。他浑身脓疮，任脏兮兮的
狗舔他的伤口，折磨着他。

谁会来阻止这种痛苦，并给与帮助？谁会喂他吃
饭、给他洗澡、给他穿衣服？谁会收留他过夜？
谁会清理他的伤口？谁会握住他的手，听他讲述
他的人生故事？谁？？？

　　财主为自己而活，满足自己肉体的快乐和欲望。他对神没有真正的爱，对他的同胞毫无关怜。拉撒路希望——只是也许而已，财主举办的许多聚会上的宾客中，有一位会在离开时给他一些剩菜剩饭。但可悲的是，在财主的豪宅里，惟独怜悯是稀缺的。没有一个客人想看到他，更不用说靠近他，或抚摸他一下了。拉撒路看着他们来来去去，他们却对他视而不见。

　　突然间，拉撒路还以为是狗的舌头在舔他的伤口，结果却是天使的手在抚摸他。拉撒路死了，天使将他带到亚伯拉罕怀里。许多人质疑天使是否真的参与把信徒的灵魂带到天堂的工作，但是，我们没有理由怀疑这些经文的朴素力量。既然天使在今生为信徒服务，没有理由在信徒死后他们就不这样做。"亚伯拉罕怀里"是一个象征性的表达，表示极乐之地。对犹太人来说，想到能与亚伯拉罕相交，有着难以言表的喜悦。"亚伯拉罕的怀里"只是天堂的另一个名字。

　　就财主而言，他不仅身体被埋葬，而且其灵魂或自我意识也下到阴间，这是未得救之人的居所。既然财主遭受折磨，我们需要指出几点：

　　1. 首先应该明确的是，这位不知名的财

主不是因他的财富而被打入地狱。而是因为这位财主对在他家门口的讨饭佬漠不关心；表明他没有相信真正得救的真理。如果他心里爱神，他就不可能自己过着奢侈、舒适和安逸的生活，而自己的同胞却在家门口乞讨几块面包屑。财主去了阴间，门徒们一定很震惊，因为他们被教导，财富是神祝福和恩惠的标志。

2. 同样，拉撒路得救并不是因为他的贫穷。拉撒路得救是因为他相信主拯救了他的灵魂。贫穷不一定是美德。这个故事证明了死后还有意识存在。事实上，财主的知识广度令我们震惊。他远远地望见亚伯拉罕，又望见拉撒路在他怀中。他甚至能与亚伯拉罕交谈。他称亚伯拉罕为我祖，乞求怜悯，让拉撒路给他一滴水来凉凉他的舌头。

亚伯拉罕提醒财主他一生的奢侈、安逸和放纵。他还重述了拉撒路的贫穷和苦难。现在，穿越坟墓，情况发生了逆转。世上的不平等被颠倒了。

拉撒路，这位曾经被扔在财主的庄园门外受折磨的乞丐，现在看到财主被扔在天堂之门外，遭受折磨。我们在这里了解到，今生的选择决定了我们的永恒。一旦死亡发生，命运便一锤定音。从得救的居所到被诅咒的居所之间，没有通道。反之亦然。在所有这些技术性细节中，让我们不要忽视这个故事的寓意：在世上求粮，强过在地狱里讨水喝。

死亡

死亡是生命过程中最容易被误解的部分。死亡不是一场长眠，而是一次伟大的觉醒。就在那一刻，我们醒来，揉揉眼睛，眼见凡人看不见而神一直看见的事物。

死亡可以被理解为分离。肉体死亡是身体与灵魂的分离，而精神死亡乃是灵魂与神的分离。耶稣教导我们不要害怕肉体死亡，而我们最当担心的是精神死亡（参 太 10：28）。对于已经死了的非信徒而言，阴间是一种无形体意识状态的惩罚，一种永受折磨的状态。它是一个关押的地方，一种过渡状态，等待神的最终审判。地狱是死去的恶人的最后监狱。最终审判的决定因素是一个人死于自己的罪愆还是与主同死。

G. B. 哈代（G. B. Hardy）是世界著名的数学家和专门研究人口遗传学的杰出科学家，他曾经说过："我只有两个问题要问。第一，有人战胜过死亡吗？第二，他是否也为我开辟了一条道路？"[4]对哈代这两个问题的答案都是肯定的。有一个人既战胜了死亡，又为所有信靠祂的人提供了一条战胜死亡的道路。信靠耶稣基督的人无须害怕死亡。圣经（神的话语）告诉我们，借着对耶稣的信仰，我们战胜了死亡和坟墓。换句话说，信靠耶稣基督的人可以谦卑而自信地说："嘿，死亡——谁现在还怕你？"然而，我们真的相信圣经（神的话语）吗？

---

4   原注：G.B.哈代（G. B. Hardy，1877-1947），《玉漏沙残：刻不容缓》，*Countdown: A Time to Choose* (Chicago: Moody Press, 1972)。

我能相信圣经吗？

"许多人坚持无征不信，事实上，他们应该如此。既然神创造了我们为理性的生物，祂不希望我们过着非理性的生活。祂要我们三思而行，"基督教系统神学家和护道家诺曼·利奥·盖斯勒（Norman Leo Geisler）说。他又说，"这并不意味着信仰就不复存在。神是要我们在证据的光照下迈出信仰之步，而不是在黑暗中跳跃。"[5]

无论我们在读一本书、一篇杂志文章、还是一篇研究论文，我们怎么知道所读的内容是可靠真实的？军事专家兼历史学家昌西·桑德斯（Chauncey Sanders）在其著作《英国文学史研究导论》中写道，文献的可靠性有三种测试方法：（1）内部证据——文献本身宣称的内容；（2）外部证

5　　原注：诺曼·盖斯勒，《基督教护道学》（Christian Apologetics），
　　Ada, Michigan: Baker Academic Publishing, 2013。

据——文献与事实、日期和人物的符合性；（3）
书目证据——从原始文献到当今的副本和手稿的
文本传统。[6]

从内容来看，圣经的写作时间跨度为一千六百
年，即四十代人。它由四十多位生活和社会背景
不同的人撰写。例如，摩西是在埃及受的教育，
后来成为以色列人的先知；约书亚是军事将领，
但以理是一名首相，彼得是个普通的渔夫，所罗
门是国王，路加是医生，阿摩司是牧羊人，马太
是税吏，保罗是拉比和帐篷工匠。所有作者的职
业和背景都大不相同。

圣经又是在许多不同地点写成的；实际上，它是
在三个不同的大陆上写的：亚洲、非洲和欧洲。摩
西是在西奈沙漠写作，保罗在罗马的监狱写作，
但以理在巴比伦流亡期间写作，以斯拉在耶路撒
冷的废墟中写作。是在许多不同的环境下写的。
大卫在战争时期写作，耶利米在以色列衰落的悲
伤时期写作，彼得在以色列处于罗马统治之下时
写作，约书亚在进入迦南地时写作。

作者写作的目的不同。以赛亚写作是为了警告
以色列人，神即将对他们的罪进行审判；马太是

---

6   原注：昌西·桑德斯，《英国文学史研究导论》（Introduction to
Research in English Literary History），New York: The Macmillan
Company, 1952。

为了向犹太人证明耶稣是弥赛亚，撒迦利亚是为了激励从巴比伦流亡归来的沮丧的以色列人，保罗是为了解决亚洲和欧洲众多教会团体中的各种问题。此外，圣经是用三种不同的语言写成的：希伯来语、亚兰语和希腊语。

把所有这些因素放在一起，我们可以看到，圣经是在一千六百年间，由四十位不同的作者在不同的地方、用不同的语言、处于不同的环境下撰写而成，并且涉及了众多的问题。神奇的是，尽管存在如此丰富的多样性，圣经却呈现出惊人的整体性。其整体性围绕一个主题展开：神对人类和所有受造物的救赎。书中讨论了数百个有争议的话题，但作者们的观点却丝毫不矛盾。圣经是一份不可思议的文档。假如你从同一个阶层、同一个时代、同一个地方、同一个时间选出十位作者，而这十位作者又有同样心情、来自同一个大陆、使用同一个语言，然后请他们就同一个有争议的话题写作，你会得到怎么样的结果呢？你肯定会得到一大堆的想法——惟独缺乏和谐。然而，圣经从内部来看，毫无矛盾，完全和谐一致。

接下来，让我们来看看圣经的外部证据，或者说圣经是否与事实、日期和人物相符合。一九六四年，保罗·马蒂亚（Paolo Mathiae）率领意大利考古队开始在叙利亚北部的泰勒马迪克（Tel Mardikh）进行考古挖掘。一九六八年，考古队发掘出埃勃拉（Ebla）国王伊比特·利姆（Ibbit-Lim）的雕像。一九七四年至一九七六年之间，发掘了两千块完整的石板，大小从一英寸到超过一英尺不等，还有四千块碎片和一万多块残片，年代可追溯到公元前两千三百年左右。发掘中发现，在埃勃拉使用的名字中有"迦南"，而此前批评家们曾说这个名字在当时没有使用，圣经的早期章节中使用这个名字是错误的。发掘出来的名字中不仅是"迦南"而已，还发现了亚当、希伯和叶忒罗等名字，以及埃勃拉诸神的名字，包括大衮、巴尔和阿斯塔。[7]

一八九六年，英国考古学家弗林德斯·皮特里（Flinders Petrie）在埃及底比斯发掘到一个重大古迹，其发现使早期的怀疑论者大惑不解，但却证实了圣经的准确性。所发现的是一块被称为麦伦普塔赫石碑（Merneptah Stele）的石板。这是一块直立的石板，上面刻有铭文，用来作为纪念碑；铭文中提到了以色列。顺便提一下，麦伦普塔赫是一位埃及法老，统治埃及的时间是公元前

7　保罗·马蒂亚（Paolo Mathiae, 1940-），意大利考古学家，自一九六三年起，在叙利亚进行考古研究。

一二一二年至公元前一二零二年；石碑的背景表明，以色列在公元前十三世纪末是一个重要的国家。这可是非同小可，因为它是除圣经之外，迄今为止所发现的最早关于以色列国的记载。[8]

尽管旧约中提到赫梯人超过五十次，他们曾一度被认为是圣经传说而已。这种说法一直到赫梯人的首都和有关记录在土耳其北部被发掘后才改变。一八三四年，法国学者查尔斯·特西耶（Charles Texier）首次发现了赫梯人的遗址。[9]随后，雨果·温克勒（Hugo Winckler）等考古学家不断地有新的发现。一九零六年，温克勒发掘出上万块用楔形文字阿卡德语刻写的赫梯皇家档案的石碑。[10]

古耶利哥城墙是英国考古学家约翰·加斯坦（John Garstang）在二十世纪三十年代发掘的。[11]耶利哥城墙倒塌的故事记载在《约书亚记》第六章1-27节。以色列人刚刚渡过约旦河进入迦南地

8　弗林德斯·皮特里（Flinders Petrie，1853-1942），英国埃及学家、考古学家。麦伦普塔赫石碑（Merneptah Stele）是他的最大考古发现之一。

9　查尔斯·特西耶（Charles Texier，1802-1871），法国历史学家、考古学家，于一八三四年在土耳其北部发现古赫梯首都哈图沙的遗址。

10　雨果·温克勒（Hugo Winckler，1863-1913），德国考古学家、历史学家，于一九零六年在古赫梯首都哈图沙遗址（土耳其北部）发掘出上万块楔形文字赫梯语（阿卡德语的衍生）写的石碑。

11　约翰·加斯坦（John Garstang，1876-1956），英国考古学家，古耶利哥城的发掘是他许多考古发掘之一。

（参 书 3：14-17）。这是神五百多年前应许给亚伯拉罕的流奶与蜜之地（参 申 6：3；32：49）。在西奈旷野里艰难跋涉了四十年之后，以色列人现在来到了约旦河东岸。他们面临的挑战是征服迦南地，即应许之地。然而，他们面临的第一个障碍就是耶利哥城（参 书 6：1）。这是一座不可征服的城墙城市。考古发掘展示，它的防御工事是一堵高11英尺、宽14英尺的石墙。它的顶部是一块光滑的石坡，以三十五度角向上倾斜三十五英尺，在那里它与更高的巨大石墙相连。耶利哥城几乎坚不可摧；但是，约书亚和他的军队连续七天绕着城墙吹号打鼓行进，到了第七天，当他们围着城墙，吹响号角，高声呼喊时，城墙就倒塌了。考古发掘与《约书亚记》第六章对城墙的描述相符。

　　一九九零年，哈佛大学的研究人员发掘出了一个镀银的青铜小牛雕像，让人想起《出埃及记》中提到的巨大的金牛犊。

　　一九九三年，考古学家在但丘（Tel Dan）发现了公元前九世纪的铭文。刻在一块玄武岩石碑上的文字提到大卫家和以色列王。[12]曾经有人声称，

12　但丘石碑（Tel Dan Stale），於一九九三和一九九四年被发掘。石碑文提到大卫王和以色列王。

《以赛亚书》第二十章1节中记载的名叫撒珥根（Sargon，亦译为萨尔贡）的亚述国王根本不存在，因为这个名字在任何其他记录中都找不到。随后，撒珥根的宫殿废墟在伊拉克被发掘，在宫殿的墙壁上还发现了他攻占亚实突（Ashdod，又译为：阿什杜德）的记载，而这正是《以赛亚书》第二十章中提到的事件。在亚实突还发现了更多纪念胜利的石碑碎片。

在死海东南部发现了所多玛和蛾摩拉的废墟。现场取得的证据看来与圣经的记载一致：耶和华将硫磺与火从天上耶和华那里降于所多玛和蛾摩拉（创19：24）。灾难所造成的废墟约有三英尺厚，烧毁建筑物的火是从屋顶上开始燃烧的。美国地质学家弗雷德里克·克拉普（Frederick Clapp）有理论推测，地震所产生的压力可能迫使地下喷出含硫沥青：一种与沥青非常相似的物质。这种含硫沥青已知存在于该城市所处的断层线区域。[13]

纳尔逊·格鲁克（Nelson Glueck）是著名的美国拉比、考古学家，也是希伯来协合学院（Hebrew Union College）的院长，他曾经发掘出一千五百

---

13 原注：弗雷德里克·克拉普，《美国考古学杂志》，*American Journal of Archaeology* (Chicago: University of Chicago Press, 1936)，323-344。

处古代遗址。[14]他曾说："考古发现未曾与圣经的记载相矛盾。"考古学家、圣经学者和语文学家威廉·奥尔布赖特博士（Dr. William Albright）说："毫无疑问，考古学已经证实了旧约重大坚实的历史性。"[15]

书目证据，虽然是放在最后讨论，同样是举足轻重。手抄本是一组用针线缝在一起的手稿。它是书籍的最早形式，取代了早期的卷轴和蜡板。马索拉文本（Masoretic text）不是特定的抄本，而是我们认为是权威的犹太/拉比旧约文本的总称。公元六世纪，一群被称为马索拉学派的学者开始精心地记录追踪圣经的正确文本。他们在书页边的空白处做了严谨的记录，并比较了所有现存的手稿。由于他们严谨杰出的学术精神，这本书很快成为圣经的绝对权威文本。马索拉学者收录了圣经所有内容，从文本本身到正确的发音、重音，甚至包括有拼写缺陷的完整经句。马索拉学者在抄写文本方面一丝不苟，受过专业训练。他们对神的话语持有最大的敬畏。比方说，他们

14　原注：纳尔逊·格鲁克（Nelson Glueck，1900-1971），《旷野之河》，*Rivers in the Desert* (New York: Farrar, Straus, and Cudahy, 1959)，136。

15　原注：威廉·奥尔布赖特（William Albright，1891-1970），《考古学和以色列的宗教》，*Archaeology and the Religions of Israel* (Baltimore: John Hopkins University Press, 1956)，176。

如果要抄写《以赛亚书》，那么整个抄本将全部大写，没有标点符号或段落。抄完后，他们会数字母，找到书的中间字母。如果上下左右不完全对称，他们会丢弃它并重新抄写。所有现存的希伯来语文本都是惊人的一致。

在十世纪，随着马索拉学派时代的结束，他们将几个世纪以来的所有研究成果汇编成单一的一本圣经抄本。公元九二零年，一位名叫什洛莫·本·布亚阿（Shlomo Ben Buya'a）的抄写员在以色列提比哩亚（Tiberias）抄写了一本具有真正马索拉传统的手稿。这份手稿就是众所周知的阿勒颇抄本（Aleppo Codex）。[16]

一九四七年，死海古卷在以色列的昆兰地区被发现。许多古卷的年代可追溯到公元前五世纪至公元一世纪。历史学家认为，犹太抄写员在公元七十年耶路撒冷被毁期间保存了该处，用于保存神的话并保护这些作品（圣经）。死海古卷几乎囊括了旧约的每一本书，与较新的文稿进行比较，几乎完全相同。主要差异是某些人的名字的拼写和其他微不足道的差别。例如，死海古卷包括一整本《以赛亚书》。当拉比学者将死海古卷的

16　阿勒颇抄本（Aleppo Codex）即什洛莫·本·布亚阿（Shlomo Ben Buya'a）的手抄本。因该抄本在阿勒颇中央犹太会堂保存了五个世纪而得名。

《以赛亚书》第五十三章与马索拉文本的《以赛亚书》第五十三章进行比较时，他们发现该章的一百六十六个单词中只有十七个字母不同。其中十个字母是拼写上的微小差异（例如，"honor"和"honour"），四个字母是文体上的差异（例如有连词和没有连词），余下三个字母是就"光"一字的不同拼写。换句话说，这些差异完全可以忽略不计。因此，我们可以得出结论，我们今天读的圣经文本中不存在任何值得重视的差异，这实在是太神奇了！

R·莱尔德·哈里斯（R. Laird Harris），为教会领袖、旧约学者、圣约神学院创始人，写了一本名为《我能相信我的圣经吗？》的书。他在书中写道："我们现在可以肯定，抄经员在抄写旧约时非常谨慎和准确，甚至可以追溯到公元前二百二十年……事实上，如果有人否认，我们现在手里的旧约圣经非常接近于以斯拉在向从巴比伦回归的人们传授神之道时所使用的版本，那他就太轻率了。"[17]

新约的组成在公元三百九十七年的迦太基会议上（Council of Carthage）正式确定。然而，新约的大

17　原注：R·莱尔德·哈里斯（R. Laird Harris，1911-2008），《我能相信我的圣经吗？》，*Can I Trust My Bible?* (Chicago: Moody Press, 1963)，67-89。

部分内容早在很久以前就作为权威性文献而成立。第一本新约圣经是由一位名叫马吉安（Marcion，又译马西昂）的人在公元一百四十年提议的。马吉安是一位唯神主义者（Docetist，又译幻影说者）。[18]唯神主义是一种信仰体系，认为所有的神灵都是善的，所有的物质都是恶的。由于这样的原因，马吉安排除了任何说耶稣既是神又是人的书。他还以符合他自己的哲学思想来编辑保罗的书信。

下一个有记录的新约书集是穆拉多利正典（Muratorian Canon），成书于公元一百七十年。它包括所有四本福音书、保罗的十三封书信、约翰一书、二书和三书、犹大书和启示录，并于公元三百九十七年由迦太基会议批准。真实的手稿是由意大利历史学家安东尼奥·卢多维科·穆拉多利在意大利米兰的安布罗西亚图书馆（Ambrosian Library）发现，并由他于一七四零年出版。[19]

然而，历史表明，我们在现代圣经中所看到的新约是在更早的时候就被认可了，并且准确地反映了当时手稿的内容。举例来说，大约在公元九十五年，革利免（Clement）引用了十一本新约书。

18　马吉安（Marcion，c.85-160），又译马西昂，是一位唯神主义者（幻影说者），马吉安主义（二元论）的创始人。

19　穆拉多利正典（Muratorian Canon）是穆拉多利发现并出版，故称穆拉多利正典。

大约在公元一百零七年，伊格内修斯（Ignatius）引用了几乎每一本新约书。再者，大约在公元一百一十年，波利卡普（Polycarp），约翰的门徒，引用了十七本新约书。除了大约二十五节经文——大部分来自《约翰福音》第三章，根据这些人引用的经文，就可以将整本新约拼凑起来。这些证据表明，圣经新约在迦太基会议之前就已经被认可了，我们今天读的新约与两千年前写成的新约是完全一样的。[20]在古代世界中，就数量和年代来说，没有任何文学作品能与新约手抄本相比。我们有五千三百本希腊文新约抄本和一万本拉丁文抄本。除此之外，今天还存有九千本用叙利亚语、科普特语、亚美尼亚语、哥特语和埃塞俄比亚语写成的新约杂本——其中一些几乎可以追溯到公元三百八十四年耶柔米（Jerome）的原始翻译。[21]我们还有超过一万三千本新约部分的副本留存至今，而且越来越多的副本还在不断地出土。

梵蒂冈抄本（Codex Vaticanus）是现存最古老的希腊文圣经手稿。该抄本以其保存处梵蒂冈图

---

20 革利免（Clement，150~215）；伊格内修斯（Ignatius，67-110）；波利卡，又译坡旅甲（Polycarp，69-155），均为基督教早期教父或教会领袖。

21 耶柔米（Jerome，342-420），早期基督教教父、圣经学者，首次将圣经从希腊文（之后是希伯来文）翻译成拉丁文。

书馆命名——至少自十五世纪以来一直保存在那里。抄本共有七百五十九张牛皮纸（经过处理的动物皮，通常是小牛皮），采用安色尔字体【一种称为*Scriptio Continua*（拉丁文，连续）的书法风格，即句子之间没有间隔】；抄本根据古文字学（古文字学是以研究古代书写形式来进行年代测定）可追溯到公元300-325年的第四世纪。

我们还有西奈抄本（Codex Sinaiticus），这是一本用安色尔字体写在羊皮纸上的亚历山大文本类型（Alexandrian text-type）的手稿，可追溯到公元330-360年的第四世纪。抄本现保存在伦敦的大英图书馆（British Library）。这两部抄本，梵蒂冈抄本和西奈抄本，是四世纪整本新约的两本特殊羊皮纸副本。

更早以前，我们有新约的部分残片和莎草纸（Papyrus）副本，这些残片和副本的年代可追溯到公元180-225年。突出的例子是切斯特·贝蒂莎草纸（Chester Beatty Papyrus）和博德默莎草纸II、XIV、XV（Bodmer Papyrus II, XIV, XV）。仅从这些手稿中，我们就可以构建出《路加福音》、《约翰福音》、《罗马书》、《哥林多前书和后书》、《加拉太书》、《以弗所书》、《腓立比书》、《歌罗西书》、《帖撒罗尼迦前书和后书》、《希伯来书》以及《马太福音》、《马可福音》、《使徒行传》和《启示录》的部分内容。

赖兰兹莎草纸，即赖兰兹莎草纸P52，是迄今为止发现的最古老的残片。它是在埃及被发现的，根据古文字学可追溯到公元一百三十年。这一发现使评论家不得不放弃他们早先的断言——即第四本福音书不可能是由使徒约翰写的。从而将福音书的写作年代追溯到公元一世纪。赖兰兹莎草书现在英国曼彻斯特的约翰赖兰大学图书馆展出。它含有《约翰福音》第十八章中的以下经文：

> 彼拉多说："你们自己带他去，按着你们的律法审问他吧！"犹太人说："我们没有杀人的权柄。"这要应验耶稣所说自己将要怎样死的话了。彼拉多又进了衙门，叫耶稣来，对他说："你是犹太人的王吗？"耶稣回答说："这话是你自己说的，还是别人论我对你说的呢？"彼拉多说："我岂是犹太人呢？你本国的人和祭司长把你交给我。你做了什么事呢？"耶稣回答说："我的国不属这世界。我的国若属这世界，我的臣仆必要争战，使我不

至于被交给犹太人。只是我的国不属这
世界。彼拉多就对他说："这样，你是王
吗？"耶稣回答说："你说我是王。我为
此而生，也为此来到世间，特为给真理作
见证。凡属真理的人就听我的话。"彼拉
多说："真理是什么呢？"

这些经文恰恰是有关神、弥赛亚、人类、罪恶和
救赎的真理中最重要的经文。

希罗多德（Herodotus）的《历史》（*Histories*）
这本书，被认为是西方历史学的奠基之作。这本书
不仅为西方历史汇集了历史资料，而且奠定了历史
学的格调。然而，《约翰福音》的原始题材，如以
下这张表所示，比起希罗多德《历史》这本书的原
始题材，更有可信度，更具真实性。[22]

作者及其作品	《约翰福音》	希罗多德的《历史》
作者生卒年	10-100	C485-425BC
事件发生日期	27-30	546-478BC
写作日期	90-100	425-420BC
最早的手稿	130	900
事件与写作时间间隔	<70	50-125
事件与手稿时间间隔	<100	1400-1450

---

22 希罗多德（Herodotus，约485-425BC），古希腊历史学家、作
    家、地理学家，《历史》（*Histories*）是他的巨作。

弗雷德里克·G·肯扬爵士（Sir Frederick G. Kenyon），古文字学家（古代手写体专家），写了一本名为《圣经与考古学》的书，他在书中写道："原始写作日期与最早的实际证据之间的间隔如此之小，（其差异）实际上可以忽略不计；因此，对流传下来的圣经内容与当初写作时大致相同的说法起怀疑态度的最后一根稻草，现在已经完全除去。新约各卷的真实性和总体完整性现在可以视为最终确定了。"[23]

布鲁克·福斯·韦斯科特（Brooke Foss Wescott），英国主教兼圣经学者，伙同芬顿·约翰·安东尼·霍特（Fenton John Anthony Hort），爱尔兰神学家，用了二十八年的时间用希腊文原文编撰了新约。他们这样说[24]："如果将相对来说微不足道的东西放在一边，如顺序变化、插入或者省去某些冠词，我们认为，仍有疑问的内容不会超过新约的千分之一。换句话说，手稿中细小的改动和差异不会改变任何主要教义；对基督教

23　原注：弗雷德里克·G·肯扬爵士（Sir Frederick G. Kenyon），《圣经与考古学》，*The Bible and Archaeology* (London: George G. Harrap & Co., 1940), 288-289。

24　原注：布鲁克·福斯·韦斯科特（Brooke Foss Wescott）和芬顿·约翰·安东尼·霍特（Fenton John Anthony Hort），《希腊文原文新约》，*The New Testament in the Original Greek* (New York: Harper & Brothers, 1881), 561。

毫无影响。无论有没有差异，信息是一样的。我们有神的话语！"

宇宙有始。相反，许多古代神话将宇宙描述为从已有的混乱中组成，而不是被创造出来的。例如，巴比伦人相信生下宇宙的众神来自两个大海。其他传说则说宇宙出自一个巨大的蛋。反对（基督教）信仰的人以及一般不信教的群体要我们相信，没有科学家会相信神。他们说，从科学的角度来看，相信神是没有必要的。

《达芬奇密码》是作家丹•布朗的一部小说，小说探索另类宗教历史。这本小说售出八千万册，并被翻译成四十四种语言。《达芬奇密码》故事情节中的"专家"说："圣经不是从天堂传真过来的……亲爱的，圣经是人的产物。不是神。圣经不是奇迹般地从天上掉下来的。是人创造了它，来作为艰难动荡时期的历史记录；而且，它已经过无数次的翻译、添加和修订的演变。历史上，从来就没有这本书的权威版本。"[25]谢天谢地，这些评论是出现在一部虚构的小说里——正是如此！

俗世的科学家常常瞧不起相信神、奇迹、创造论的人，他们用所谓的科学事实来反对我们对神

---

25 原注：丹•布朗，《达芬奇密码》（纽约：Doubleday，2003年），231页。

存在的信仰。然而，并非所有的科学家都拒绝神的存在。科学界中总有一些人，即使他们从事科学研究和发现，对神的信仰仍然是他们生活的基础。下面是众多例子中的几个。

弗朗西斯·培根（Francis Bacon，1561-1626）。培根通常被认为是与所谓的"科学方法"主要相关的人。科学方法强调观察和验证，而非哲学猜想（在没有充分证据的情况下形成观点或理论）。培根认为神给了我们两本书来研究：圣经和大自然。

约翰·开普勒（Johann Kepler，1571-163）。许多人认为约翰·开普勒是物理天文学的创始人。他发现了行星运动定律，创立了天体力学学科。他对科学的贡献包括确凿地证明了太阳系的日心说（以太阳为中心）、设计了一种绘制恒星运动的方法；同时，他对微积分的发展也做出了不可磨灭的贡献。开普勒是一名基督徒，曾在神学院学习，但最终听从神的带领，教授天文学。开普勒创造了一个短语和理念，即研究和发现就是"按照神的思想思考"，后来许多基督教科学家都采用了这句座右铭。

布莱兹·帕斯卡（Blaise Pascal，1623-1662）。尽管帕斯卡是最伟大的哲学家之一，他被公认为是流体静力学之父——流体静力学是研究流体对其他物体施加压力的学科。帕斯卡与微积分和概率论的发展以及气压计的发明也有很大关系。然而，他是一位虔诚的信徒；对自己的信仰沉思，并写下了很多文章。他最著名的作品是基督徒们所说的《帕斯卡赌注》（Pascal's Wager）；该书基本上是在问：为什么有人会冒险过着没有神的生活。

艾萨克·牛顿（Isaac Newton，1642-1727）。谁没有听说过艾萨克·牛顿爵士？他发现了万有引力和三大定律，并将微积分提炼为数学的一个综合分支。牛顿从小就是一名基督徒，晚年更是广泛撰文反对无神论，捍卫基督教信仰。牛顿认为，比起任何其他历史记录，圣经更能证明其真实性。

塞缪尔·F·B·莫尔斯（Samuel F. B. Morse，1791-1872）。莫尔斯最为人铭记的是发明了电报。不仅如此，他还发明了美国第一台照相机；拍了第一张肖像照。莫尔斯是一位虔诚信奉神的人。一八四四年，他用新发明的电报发送的第一条信息是"神为他行了何等的大事！"（引自《民数记》第二十三章第23节）。他一生致力于爱神、侍奉神。莫尔斯在临终前写下了这些话："我越接近朝圣之旅的终点，就越能清楚地看到圣经的神圣起源，就越能赞赏神为堕落的人类提供的治疗；其伟大和崇高性；对未来充满了

希望和喜悦。" [26]

路易斯·巴斯德（**Louis Pasteur，1822-1895**）。巴斯德是医学领域的巨人；在发展细菌致病理论方面发挥了重要作用，并且在化学和物理学领域也做出了许多重要贡献。他的研究帮助开发了针对许多疾病的疫苗。巴斯德帮助推翻了生命自然发生的进化论。巴斯德还发现，正如其他人现在所经历的那样，当一个人站出来支持圣经创造论时，世俗的自然主义科学家就会发起攻击。

威廉·汤普森，开尔文勋爵（**William Thompson, Lord Kelvin，1824-1907**）。开尔文建立了绝对温度尺标。这种温度今天被称为"开尔文度"。开尔文勋爵还把热力学建立为一门正式的科学学科，同时以精确的术语制定了热力学第一和第二定律。开尔文认为科学肯定了创造的真实性。尽管他积极参与地球年龄的争论，否认达尔文主义并支持创造论，他始终是一位虔诚而谦逊的基督徒，

沃纳·冯·布劳恩（**Wernher von Braun，1912-1977**）。布劳恩在移民美国之前，在德国V-2火箭的研发中发挥了重要作用。在成为美国国家航空航天局局长之前，他曾指导美国导弹研发工作数

---

26   原注：雷·康福特，《圣经里的科学事实》（Newberry, Florida: Bridge Logos Publishers, 2003年），50页。

年。关于太空飞行，他曾写道："从这个窗孔所观察到的宇宙之广阔奥秘，只能坚固我们对造物主存在的信念。"[27]

弗朗西斯·柯林斯（Francis Collins，1950 -）。 作为（美国）人类基因组计划主管，他公开宣告自己信神。柯林斯曾用这些话来表达他在科学研究中所得到的神奇的心灵感受："当人类基因有新的发现时，我因意识到人类现在知道了以前只有神才知道的东西而崇敬不已。"[28]

我与你们分享了一些基本的内部、外部和书目证据，以证明我们可以绝对相信圣经的真实性。希伯来文和希腊文手稿虽然是副本，却得到了天意的保存；现有的翻译亦无神学偏见。因此，我们可以确信，我们今天所读的圣经内含原始经文，可以放心阅读，而不必担心其被玷污来支持某个特定的教会或教义。圣经是神所启发的，是作为我们权威的书籍。

圣经宣告：人，要么死在自己的罪中（参 约 8：24），要么死在主里面（参 启 14：13）。一个人如何死去，或者何时死去，都不是最重要的。最重要的是：你是死在自己的罪中，还是死在主里？

27　沃纳·冯·布劳恩，"我的信仰"，美国周刊，1963年，2月10日。

28　马克·奥基夫（Mark O'Keefe），"宇航员在宇宙中见到神的面"，华盛顿邮报，2003年，2月8日。

何为死在罪中？

我是世界的光。跟从我的，就不在黑暗里走，必要得着生命的光（约 8：12）。耶稣说，我是世上的光。你要感谢神，感谢祂赐给你生命中的一切美好和世上的一切美好。没有祂，就没有光明、没有爱、没有希望、没有和平、没有喜乐。把祂拿走，一切都是黑暗。然后耶稣说，跟从我的，就不在黑暗里走。想像一下，我们都在一条黑暗的隧道里。耶稣有一盏灯，穿过隧道，祂正朝我们走来。如果我们和祂同行，我们就会走在祂的光中。但是，如果我们拒绝跟随祂，背祂而行，祂的光就会离我们越来越远，最终我们将被留在黑暗中。

这在今生如此，当然在来世亦如此。超越这个世界，有一个地方，那里居住着耶稣。因为祂在那里，那就是一个充满光明、爱、和平和喜乐的世界。然而，在这个世界之外，还有一个没有耶稣的地方。因为耶稣不在那里，所以那是一个黑暗、仇恨、混乱和痛苦的世界。

当耶稣说"我是世界的光。跟从我的，就不在黑暗里走，必要得着生命的光"时，很明显，在场的听众根本不理睬祂在说什么。

他们觉得祂没有资格这么说，就鸡蛋里面挑骨头，说："你是为自己作见证"，或者就像今天的人们所说的那样，"哈，那只是你自己的看法而已！"这场争论记录在《约翰福音》第八章13-20节，可是听起来就像今天经常发生的那样。

事实上，你不能自己邀请自己进天堂。耶稣说，"我要去了，你们要找我，并且你们要死在罪中。我所去的地方你们不能到。"（约8：21）

当时的宗教领袖们确信他们会去天堂（就像今天的大多数美国人一样），所以听到耶稣这话，他们说："我们当然要去天堂。如果我们不能去祂要去的地方，那么祂一定是去其他地方了；也许祂要自尽。"

所以，耶稣说，你们是从下头来的，我是从上头来的；你们是属这世界的，我不是属这世界的（约8：23）。祂是在说："地上是你的家。你不属于天堂。天堂是我的家。我不属于地上。"我们和耶稣之间有着天壤之别。天堂本不属于我们。

假设有人敲你家的门。你打开门，发现有个陌生人站在那里。你以前从未见过他。你还没来得及说话，他就推开门，与你擦肩而过，径直走上楼梯，开始在一间卧室里整理安排他的东西。

你问他："你这是在干什么？"

他回答说："这房子真漂亮，我决定住在这里。"

你站在那里，惊呆了，说："对不起，这是我的房子。你要是不马上离开，我就报警了。"

假如你邀请我去你家，我可以作为你的客人住在那里。但你若没有邀请我，我就无权住在你家。这完全取决于你的邀请。我要是长住在那里，那更是出于你的乐意。天堂是耶稣的家，我们没有权利住在那里。我们是在地上。我们不属于那里。

耶稣说："所以我对你们说，你们要死在罪中；你们若不信我是基督，必要死在罪中。"（约 8：24）死在罪中意味着带着你的罪进入死亡。设想一个人从有生命迈向死亡。他不知道正在发生什么。他正在向死亡迈进。他的生命之灯正在渐渐熄灭。他别无选择。他知道他回天无力。他正渐渐死在自己的罪中。他因知道自己有罪而惶恐不安。一瞬间，他的一生如影片出现在眼前，他看清了其一生的真相——百无一是。他一生都在压制自己的良心，与良心对抗，一直把它压下去。突然间，良心自己出来表明立场，这使他愁肠百结，因为他觉得自己受到了谴责。更糟糕的是，事实上他在神眼中受到了谴责，是在神对罪的诅咒之下。他现在看得清清楚楚。他以前视而不见，但现在他是一目了然。

正如钟马田所说：

"诫命——曾被他屡次勒脖子扼杀和踩在脚下——现在开始对他说话：不可杀人；不可偷盗；不可奸淫；不可妄称耶和华你神的名；要爱耶和华你的神，单单侍奉祂——但他根本没有这样做！而他现在却快要死了，所有的往事都呈现在眼前。他正死在自己的罪愆中，被罪愆包围，在罪愆的氛围中。这就是他现在的处境。此时，他一眼瞥见未来，看到了地狱的闪闪血光、煎熬和苦难。他对自己所做所为悔恨交加，万分厌恶。他恨自己，觉得自己是个傻瓜。他活了一辈子都不曾想过这个问题（死后去哪里）——这个最最重要的问题！而他正在走出现在，进入未知的未来。他

不知道，他不明白。他活着时的所做所
为，没有一件事能帮他的忙；而他现在
看到，在他面前这些可怕的事情。我相
信，在那同时，（神）也让他见到了天
堂和荣耀。但他意识到自己不适合在那
里。那里清洁、纯真、光明、圣洁；他
很清楚，在那里他不会快乐。他从未想
过那些东西。他活着的时候，恰恰是为
了相反的东西。在那里有神的荣耀，还
有纯洁，再加上敬拜。他对这些不感兴
趣。他对这些从来没有感兴趣过。虽然
他看到那里很美好也很荣耀，但他不适
合。他不能去那里。" [29]

没有什么比死在罪中更悲惨的了。

圣经中有三处出现"死在罪中"或类似的经句：
《以西结书》第三章20节，《约翰福音》第八章
21节和24节。

《以西结书》三章20节说，义人何时离义而犯
罪，我将绊脚石放在他面前，他就必死。因你没
有警戒他，他必死在罪中，他素来所行的义不被

---

[29]　原注：钟马田，《两条死亡路》，"Two Ways of Dying," https://
www.mljtruct.org/sermons/book-of-[0john/two-ways-of-dying/.

记念，我却要向你讨他丧命的罪。

以西结是神所任命的守望者。他负责宣讲神的话语以及代表神声色俱厉地警告以色列民。先知被警告说，他若不敲响警钟，他若不向人民开口说话，警诫他们即将到来的审判，那么他就要为他们死在罪中而获罪（参 结33：7-9）。旧约中先知的工作因责任巨大而令人生畏。这是一个无人真正想要的职位。而且还遭人白眼，孤军作战。先知是悲愤绝望的人；通常来说，最终会死得很悲惨；例如先知以赛亚，他被锯成两半；先知撒迦利亚，被石头砸死；先知阿摩司，被棍棒殴打；而且行凶者都是他们自己的同胞！为什么会这样？答案很简单：大多数人不想要真理。哦，他们也许会说他们想要真理，但实际上他们无法接受。如今，真人秀似乎很受欢迎，但在现实生活中，真理却不那么受欢迎。

> 我要去了，你们要找我，并且你们要死在罪中。我所去的地方你们不能到。……所以我对你们说，你们要死在罪中；你们若不信我是基督，必要死在罪中（约8：21，24）。

从这些经文来看，"死在罪中"这句话似乎意味着，一个人在肉体死亡后，他所犯下的所有罪将存留，并且加上因罪应得的后果和惩罚。结果是这个人将遭受永恒的惩罚。肉体的死亡将灵魂与身体分开；精神的死亡将灵魂与神隔绝。

罪就是违背神的律法（参 约一3：4），罪使我们与神隔绝（参 赛59：2）。可悲的是，所有不信基督为我们的罪而舍命的人，都将死在自己的罪中。我说"可悲"，是因为事情本不必如此。他们本不必将自己的罪存留在自己的名下。请注意，经文不是说他们会因罪而死（die *of* their sins），而是死在罪中（die *in* your sins）。他们的罪将留存。他们将永远无法脱离罪，也永远不会获得永生。对我来说，这实在是令人心碎，尤其是这个结果可以完全避免。

在《约翰福音》八章21节中，"罪"（sin）这个词是单数，从上下文来看，表明这些人会死在因拒绝耶稣而犯下的罪中。他们将永远被阻挡在天堂之外；而主正去到那里。这是一个严峻的事实！那些拒绝接受耶稣为救主和主的人将没有希望进入天堂。死在罪中将是多么可怕：永远没有神，没有基督，甚至连希望都没有！

在《约翰福音》八章24节中，"罪愆"（sins）一词是复数。这意味着，未得救的人不仅仅是死在拒绝耶稣的罪中，而且将死在他（她）所有的罪愆中。可以这么说，因拒绝耶稣而犯下的罪，将所有其他的罪也一并算在名下。

罪是一个律法问题。因为罪就是违背神的律法（参 约一3：4），当我们犯罪时，我们就当根据律法承担后果。耶稣从未违背律法（参 彼前2：22）。而当耶稣被钉在十字架上时，我们的罪都归咎（合法地转移）到祂身上（参 彼前2：24）。因为罪的工价乃是死（参 罗6：23），耶稣为担当这些罪而死，从而满足了律法的要求。这样，从律法的角度来说，罪所欠下的债因基督的献祭（死）而得以偿还。这就是为什么基督说，成了！（约19：30）所有相信耶稣的死为我们赎了罪的人都将因信称义（罗5：1）。称义即原本有罪的人被神判为无罪。因此，当信靠耶稣的人死去时，他们不再死在他们的罪中。他们死去时不必承担其罪愆的法律后果。然而，所有不信靠耶稣的人都将承担其罪愆的法律后果，按律法受当得的惩罚。

你们要死在罪中（*You will die in your sin*）（约8：21）。单数。单个罪。什么罪？这些人要死在其中的那个危险的罪是什么？所以我对你们说，你们要死在罪（复数）中；你们若不信我是基督，必要死在罪（复数）中（约8：24）。

你们若不信我是基督。不信耶稣基督就是那一个罪（sin）；这个罪会使你把所有其他的罪（sins）一起带入死亡。除非你信，否则你将死在罪中。如果你转过来信耶稣基督，你就有得救的希望。不信基督会让你死在罪中；但你若相信耶稣是弥赛亚，你就不会死在罪中。

为什么相信耶稣基督如此重要？因为信是一种活生生的结合，在这结合中，你将自己献给基督，基督也将祂自己献给你。基督成为你的救主和朋友。基督成为你的神和主，当你属于祂时，祂的家就是你的。

更甚之，耶稣一生无罪。祂是唯一能够做到，并且做到，无罪的那一位。祂活着无罪，死亦无罪。圣经告诉我们：他被挂在木头上，亲身担当了我们的罪（彼前 2：24）。耶和华使我们众人的罪孽都归在他身上（赛 53：6）。

对于每个信耶稣基督的人来说，最奇妙且真实的是，基督以祂的死担当了你的罪；这样，你就不会死在你的罪中。相信主耶稣基督，拥抱祂，接受祂，跟随祂（服从祂的旨意），这样你就不会死在你的罪中。你将死在主里面！在主里面而死的人有福了！（启 14：13）你也许口渴得要死，但你不必渴死。

对于一个不信主、濒临死亡的朋友或者亲人，我们能说些什么呢？我最近确实有过这样的经历。我有一位亲爱的朋友，也是我最好的朋友。我认识他有三十多年了。我们是在一家健身房认识的。当时，我在那里工作，赚钱补贴我做拉比的微薄薪水。虽然我的朋友是一位出色的外科医生，而我只是一名私人教练，但我们彼此之间相互尊重，建立了深厚的友谊。普通言辞不足以表达我对我最亲爱的朋友的感受；但如果我必须用语言来形容他，那就包括爱、善良、慷慨、聪明、好玩、体贴、好客、风趣和富有同情心。然而，我们往往忽视了他是一个罪人；和我们所有人一样，他没有达到神的圣洁要求，使他能够永远与神同在。

自打二十年前我们搬到佐治亚州建立教会之后，我一年四季都会去看望我的朋友；我经常回到佛罗里达和他一起度过一周。我常常盼望见到他。他的身体一直很好。所以，当他被诊断出癌症时，他很震惊。完全是在意料之外。有一天，他感到异常疼痛。检查结果是他全身有多个肿瘤。我不是说福音与弗兰克·辛纳特拉（Frank Sinatra）有什么关系，但辛纳特拉的歌曲《这就是生活》中的歌词用在这里确实很适合："四月，你高高在飞，五月，你被击落在地。"我立即去看望他，因为我有一个强烈的预感：他的病最终会导致死亡。[30]

尽管他很有天赋，但事实是，他和我们所有人一样都是罪人。他迫切需要一位救主。我已经为他做了三十年的见证。在我陪他住院的最后一天，我在他的床边哽咽不止；原因是，尽管我不停地为他祷告，我有一种强烈的预感，这一次将是我们今生的最后一次交谈。他不能说太多话，但他能听见，也能理解。我含着泪告诉他，只要我能听到他向神祈求宽恕他的罪，让耶稣成为他的救主，我愿意用双手双膝跪在碎玻璃上爬过去。我告诉他，这是通往天堂唯一的道路，我要确定我会在天堂再次见到他。我恳求他不要死在罪中。结果是，我很高兴地告诉你，他确确实实接受了耶稣作为他的救世主。圣经说，你若口里认耶稣为主，心里信神叫祂从死里复活，就必得救（参 罗 10：9）。

事实上，人的一生中既有能选择的事，也有无法选择的事。例如，你的出生是一个无法选择的事。你的死亡是一个无法选择的事。你从死里复活也是一个无法选择的事。然而，至于复活后你的最终目的地，你是可以选择的。圣经告诉我们，

30　弗兰克·辛纳特拉（Frank Sinatra，1915-1998），美国男歌手，被公认为二十世纪最优秀的美国流行男歌手之一。

所有人都会在末日复活。一些人将接受永恒的审判，另一些人将接受永恒的祝福。这里有——而且只有——两个选择。

今年，我将年满六十五岁。当今的日子，讲来讲去，人们所热衷的无非就是保持年轻。我们对外表十分讲究，几乎到了痴迷的程度。有人说六十岁是新的四十岁。我说他们的算法不对。尽管我锻炼身体，尽量吃得健康，但我的身体——包括我的眼睛——到现在已经有六十五年的年龄。我最近去做了一次眼科检查——我很久没有做过眼科检查。当医生告诉我说需要戴老花镜时，我并不感到惊讶。然而，当他们告诉我说要给镜片选择一个镜框时，我倒是吃了一惊。因为我抬起头来惊讶地发现，居然有数百个镜框供选择。我不喜欢作这种选择。我希望墙上只有两个镜框——一个黑色镜框和一个白色镜框。这就是我为什么爱圣经的原因。神造世界简单明了。神和撒旦。正义和非正义；或者，善和恶。你有通往永恒生命的窄路和通往永恒死亡的大道。你有天堂和地狱。在这里，你只有简单地选择白色镜框或黑色镜框。

我恳求你想一想你最终要去的地方以及救赎，或者是若没有救赎的结果。三千年前，圣经告诉我们，我们的一生不过是七十或八十年（参诗90：10），接着，死后且有审判（希 9：27）。从永恒的角度来看，七十至八十年只是昙花一现。圣经说，主看一日如千年，千年如一日（彼后 3：8）。因此，我们若用一个简单的代数方程来表达，那么我们的生命在永恒的尺度上就只有一个半小时。

一句话：你若从未为你的罪悔改，也从未接受耶稣赦免你的罪，那么我祈祷，今天将是你得救赎的日子。

耶稣说，我是世界的光。跟从我的，就不在黑暗里走，必要得着生命的光（约 8：12）。

有一个世界非常黑暗，因为耶稣不在那里。还有一个世界充满爱、和平和喜乐，因为耶稣是那世界的光。耶稣为你我这样的罪人而死。向祂祈求怜悯。祈求祂原谅你，洁净你。耶稣以祂的死赎了他人的罪，这样，你就不必死在你的罪里。

今天，你将如何？你将跟随耶稣吗？你信耶稣是弥赛亚，是世界的救主吗？

假如说有两个男人死于心脏病：一个死在自己的罪里，另一个死在主里。你会是哪一个？又假如说，有两个女人死于车祸：一个死在自己的罪里，另一个死在主里。你会是哪一个呢？你若今晚就死，你会死在自己的罪里，还是死在主里？

十字架上的强盗

有两个人，同是罪犯，被带出去和耶稣一起处死。他们来到一个叫骷髅地的地方。耶稣被钉在十字架上。两个罪犯也被钉在十字架上——一个在耶稣的右边，一个在耶稣的左边。耶稣说，父啊，赦免他们！因为他们所做的他们不晓得（路 23：34）。兵丁们拈阄分祂的衣服。

百姓站在那里观看，当官的嗤笑祂说，"他救了别人，他若是基督，神所拣选的，可以救自己吧！"（路 23：35）兵丁们也戏弄祂，给祂醋喝。他们向祂喊道，你若是犹太人的王，可以救自己吧！（路 23：37）祂的头上方挂着一个牌子，上面写着：这是犹太人的王（路 23：38）。

被钉在祂左右两边的两个犯人中，有一个讥诮祂说：你不是基督吗？可以救自己和我们吧！（路 23：39）。但另一个斥责说，你既是一样受刑的，还不怕神吗？我们是应该的，因我们所受的与我们所做的相称，但这个人没有做过一件不好的事。他补充说，耶稣啊，你得国降临的时候，求你记念我！（路23：40-41）

耶稣对他说："我实在告诉你：今日你要同我在乐园里了！"（路23：43）

十字架是爱与公义相遇的地方——全人类都在这里被衡量，判定有亏欠。耶稣伸开双臂被钉在那里，为浪子世界的回归而受苦。两边钉着两个强盗，在生与死、天堂与地狱之间徘徊——直到其中一个说：耶稣啊，你得国降临的时候，求你记念我！

令人震惊的是，这是耶稣死前听到的最后一句话。这些话不是出自一位宗教领袖或门徒，而是出自一个普通罪犯。这些话有"切勿扔下我"的言外之意，暗示"请带我去你要去的地方"。凭着耶稣的话，我实在告诉你：今日你要同我在乐园里了，那个普通犯人从十字架上被解脱，投入救世主的怀抱。

我们对这个强盗所知甚少。但我们从《马太福音》的记载中知道，他和众人一同讥诮耶稣：

祭司长和文士并长老也是这样戏弄他说："他救了别人，不能救自己。他是以色列的王，现在可以从十字架上下来，我们就信他！他倚靠神，神若喜悦他，现在可以救他！因为他曾说：'我是神的儿子。'"那和他同钉的强盗也是这样地讥诮他（太27：41-44）

这是一个难答的问题：是什么力量让这个强盗站出来为耶稣抗争，并且谦卑地顺服？这是因为他亲眼看到，亲耳听到他未曾见过、听说过的景象。当众人辱骂耶稣时，耶稣没有恶言相向。当耶稣受难时，祂没有以惩罚恐吓。相反，祂将自己交托给公义的神。在为人所知的最难以忍受的痛苦中，并且是在为他人的罪而受这苦时，祂向天国的大宝座呼吁说：父啊，赦免他们！因为他们所做的他们不晓得（路23：34）。

强盗简直难以置信。他转过头来看着耶稣，我可以想像他们四目凝视。强盗觉得耶稣似乎能一眼看透他灵魂最深处。他觉得耶稣比他本人更了解他自己，在耶稣面前一切都暴露无遗。一瞬间，时间静止了。在耶稣的眼中，强盗看不到仇恨、蔑视和评断。他所看到的，只有一样东西：饶恕。就在此刻，强盗意识到耶稣不是一般的凡人。

强盗没有什么神学知识。然而，他知道耶稣是君王，祂的国不属于这个世界，并且这位君王有能力将最不配得的人带入祂的国度。在与救主亲密相处的这一刻，他一生的罪愆一笔勾销。

想想都觉得不可思议。甚至在众人的羞辱讥诮和被钉十字架的痛苦中，耶稣仍然在执行使命寻找和拯救失丧者（参 路 19：10）。而好消息是，耶稣现在仍然在执行祂的使命。像那个强盗一样，我们都曾抢夺了很多东西。当我们曾发怒大声说话时，我们抢夺了别人的平安。当我们曾有猥琐的想法时，我们抢夺了别人的尊严。当我们曾伤害他人的感情时，我们抢夺了他们的自我价值。当我们毫无爱心向别人口说真理时，我们会把灵魂从天国的边缘越推越远，从而抢夺了那灵魂本该得到的天国。

我们都当站在主面前，将我们的抢夺行为暴露无遗。我们都有罪。若你还没有这样做，请你马上向唯一能承担一切罪愆的主彻底坦白。为什么要死在罪中？让祂抹去你心灵上的污点，让来自至高处的力量充满你——这种力量不仅可以改变你的心，还可以改变世界。恳求主耶稣记念你，你也将和祂同在天堂。

你不必死在罪中

神是完全良善、完全慈爱、完全美丽、完全真实的。这些特征不断地从祂身上流淌出来。主的爱、恩典、善良和美丽是如此丰满，从祂身上流淌出来，创造了一个善良而美丽的世界。神创造了这个美丽的世界；作为祂善工的至高荣耀，祂又按自己的形象创造了人类，要让他们能够分享祂的爱、恩典和良善。

当神创造人时，祂也赋予人自由意志；因为，爱允许爱的对象做出选择。只有机器人、电脑和机器没有选择。神给了我们选择，要么接受并生活在祂的爱中，要么拒绝。赋予人们自由意志，是让他们的选择有尊严，确认他们内心有神形象存在。神创造了亚当和夏娃之后——人的世祖，告诉他们，他们可以享有所有的一切，惟独一件事他们不能做。他们不能吃园里一棵特定树上的果子。可悲的是，当他们遇到诱惑时，成了诱惑的牺牲品，越了界。这不仅造成了（与神）分离、悔恨、羞愧，最糟糕的是罪恶感；甚至打开大门，让更多的罪涌入，导致我们的世界陷入螺旋式的持续堕落。

但这并不是故事的结尾。神不仅善良又充满爱心，而且无所不知、无所不能。神不是闻风而动，而是主动出击——在奠定世界基础之前，祂就已经制定了一个计划。神不希望人们生活在破碎、黑暗和与祂分离的状态中。因此，祂制定了一个计划，让破碎的世界恢复正常；人们可以得到饶恕、治愈、恢复，最终完全修复。耶稣，这位弥赛亚，完全的神，却成为完全的人，并以祂在十字架上的舍命向人们展示了神的大爱。耶稣甘心舍命作为活祭来偿还我们的罪孽。三天后，耶稣从死里复活，这不仅展示了神战胜罪恶和死亡的终极力量，同时让我们知道，若我们相信，当耶稣的国度降临时，我们也将复活。

人作为肉体仍然会死亡，但由于耶稣战胜了罪和死亡，跟随耶稣的人将在肉体死亡后与祂一同经历永生。他们的肉体会死亡，但他们将与耶稣一起复活，获得永生。

我曾经在许多不同的地方看到过"约翰福

音 3：16"的标志。我曾在奥林匹克体育馆、运动场、广告牌等等地方看到过这个标志。作为一个受犹太教正统派教育长大的孩子，我根本不知道这个标志是什么意思，也不知道它指的是哪个经句。而现在，作为一个（基督）信徒，我可以说这是所有文学作品中最著名的句子。它说，*神爱世人，甚至将他的独生子赐给他们，叫一切信他的不致灭亡，反得永生*。

当你真正静下来思考这个问题时，你会觉得这绝对是令人难以置信，因为，是神的恩慈领你悔改（参 罗 2：4）。《约翰福音》三章16节后面的经文并不那么出名，但同样重要。《约翰福音》三章17节说，*因为神差他的儿子降世，不是要定世人的罪，乃是要叫世人因他得救*。

神不是一个严厉残酷的统治者，急于将祂的忿怒倾泻在人类身上。相反，祂的心对人类充满了温柔；为了拯救他们，祂已付出最大的努力和代价。祂本可以差派祂的独生子降世来定世人的罪，但祂没有这样做。相反，祂差派祂的独生子来受苦、流血、舍命，以至世人能因祂而得救。耶稣在十字架上所成就的救赎价值之巨大，以至所有的罪人，只要接受祂，就都可以得救。

我当过几年救生员。没有谁在溺水时不会向救生员伸手求援。关键是，首先要意识到自己正在下沉。大多数人在自己眼中觉得游得还不错，没有意识到自己会沉入水中。他们太自信了；因此，哪怕自己是第三次沉入水中，他们都不会承认。就这样，他们拒绝大喊"救救我！"千万不要等到临终时才去找救生员！我今天向你恳求：接受耶稣进入你的生命。祂是唯一你真正需要的救生员。请承认你的罪，心里相信耶稣为你而死，嘴里宣告耶稣是你的主和救主。你不仅会在死后拥有永生，而且此时此地你就可以拥有丰富的生活。我恳求你切勿死在罪中！

《交易》是一档电视游戏节目，于一九六三年首次在美国播出，此后在全球有许多国家仿制。当我还是个小男孩的时候，我们只有三个频道可以看电视节目。而游戏节目非常讨人喜欢；我倾向于给节目中弱势一方打气，甚至现在我仍然这样做。

《交易》这个节目的架构主要是由主持人与选定的观众（称为"交易者"）互动。通常，交易者首先得到一件有价值的物品，接着，交易者要作出决定，是保留这件物品还是将其与一件神秘物品做交易。游戏的精髓就在于这个谜团——交易者不知道神秘物品是否具有同等或更大的价值，或者是佐克（"zonk"）——即对交易者来说价值极小或毫无价值。

在节目结束时，主持人找来三个愿意放弃手里有奖品的人，交换"当天最大的交易"。接下去，主持人推出三扇门，让每位参赛者选择三扇门中的一扇。主持人问第一位参赛者："你想要一号门、二号门还是三号门？"轮到第二位参赛者时，选择的门就剩下两扇；到了最后一位参赛者，剩下的门就只有一扇——无选择可言。不幸的是，对于所有参赛者来说，其中有一扇门后面藏着佐克（zonk），或蠢蛋奖。

然而，就神这个命题来说，我们的选择要容易得多——仅两扇门可以选择，且知道门后面是什么。你若选择一号门，你就会得到不仅是当天，而且是永恒的最大的成交，即耶稣作为你的祭品赦免了你的罪孽。你若选择二号门，你得不到耶稣和祂献上的、赦免了你的罪的祭；你将永远死于你的罪中——最终的佐克（zonk）。

我知道，这似乎太容易了；但是，当你真正认识到自己的错误行为和自私，当你认识到自己给别人造成的痛苦和折磨时，你会感到愧疚。感到愧疚是件好事，因为这会导致悔改和转变。你来到神面前，相信祂所说的：祂会洗净你，给你一颗崭新的心。当你选择跟随祂时，奇迹就会发生。

祂会将你彻底翻新。祂会赋予你力量，指引你，使你从一个毫无价值的人变成祂的宝贝——与你自己的荣耀无关，而是被祂用来改变整个世界灵命的器皿。

不要问我，祂是如何做到的。有些事情无法解释，有些奥秘实在是太深奥，有些奇怪的事，就连最聪明的人也大惑不解。我只知道我曾经是自私之魁，有己无人；而现在，我为他人而活，先人而后己。我身上发生了巨大的变化，我乐在其中！我恳请你选择第一扇门——切勿死在罪里！

作者简介

拉比格雷格·赫什伯格出生在纽约市，从小接受犹太教正统派教育。他以优异成绩毕业于纽约市佩斯大学（Pace University）。毕业之后，他在纽约市创办、经营一家猎头公司，专门面向银行和金融业。一九八九年，他与伯纳黛特结婚。在以色列度蜜月时，主找到了他；此后，他便全心服侍于神。

一九九二年，拉比格雷格开始投入弥赛亚犹太教运动，之后由国际弥赛亚犹太教堂协会（International Association of Messianic Congregations and Synagogues， IAMCS）按立为拉比。随后，拉比格雷格成为伯犹大弥赛亚教会（Beth Judah Messianic Congregation）的领袖。二零零二年，主差派拉比格雷格和他的家人到乔治亚洲的梅肯镇牧养伯耶书亚教会（Congregation Beth Yeshua）。

二零一零年，伯耶书亚教会的事工迈向全球，伯耶书亚成为国际伯耶书亚（Beth Yeshua International, BYI）。一个地方性的普通教会如今不仅成了国际事工和培训中心，而且在世界各地，如印度、肯尼亚、埃塞俄比亚、澳大利亚、德国、以色列，以及美国各地，都建有教会和学校。此外，拉比格雷格的讲道还以现场直播的方式向全世界传播。

拉比格雷格和他的妻子伯纳黛、四个孩子，现居住在梅肯，乔治亚洲。有关拉比格雷格的更多信息，可参考他的自传《从破烂到辉煌》（*From The Projects To The Palace*）。

www.bethyeshuainternational.com